BEI GRIN MACHT SICH IHR WISSEN BEZAHLT

- Wir veröffentlichen Ihre Hausarbeit, Bachelor- und Masterarbeit

- Ihr eigenes eBook und Buch - weltweit in allen wichtigen Shops

- Verdienen Sie an jedem Verkauf

Jetzt bei www.GRIN.com hochladen und kostenlos publizieren

Bibliografische Information der Deutschen Nationalbibliothek:

Die Deutsche Bibliothek verzeichnet diese Publikation in der Deutschen Nationalbibliografie; detaillierte bibliografische Daten sind im Internet über http://dnb.d-nb.de/ abrufbar.

Dieses Werk sowie alle darin enthaltenen einzelnen Beiträge und Abbildungen sind urheberrechtlich geschützt. Jede Verwertung, die nicht ausdrücklich vom Urheberrechtsschutz zugelassen ist, bedarf der vorherigen Zustimmung des Verlages. Das gilt insbesondere für Vervielfältigungen, Bearbeitungen, Übersetzungen, Mikroverfilmungen, Auswertungen durch Datenbanken und für die Einspeicherung und Verarbeitung in elektronische Systeme. Alle Rechte, auch die des auszugsweisen Nachdrucks, der fotomechanischen Wiedergabe (einschließlich Mikrokopie) sowie der Auswertung durch Datenbanken oder ähnliche Einrichtungen, vorbehalten.

Impressum:

Copyright © 2008 GRIN Verlag
Druck und Bindung: Books on Demand GmbH, Norderstedt Germany
ISBN: 9783668734999

Dieses Buch bei GRIN:

https://www.grin.com/document/429521

Marieke Jochimsen

"Lieber ein unzufriedener Sokrates als ein glückliches Schwein"? Eine Kritik an der Orientierung am Glück

GRIN Verlag

GRIN - Your knowledge has value

Der GRIN Verlag publiziert seit 1998 wissenschaftliche Arbeiten von Studenten, Hochschullehrern und anderen Akademikern als eBook und gedrucktes Buch. Die Verlagswebsite www.grin.com ist die ideale Plattform zur Veröffentlichung von Hausarbeiten, Abschlussarbeiten, wissenschaftlichen Aufsätzen, Dissertationen und Fachbüchern.

Besuchen Sie uns im Internet:

http://www.grin.com/

http://www.facebook.com/grincom

http://www.twitter.com/grin_com

„Lieber ein unzufriedener Sokrates als ein glückliches Schwein"?

Eine Kritik an der Orientierung am Glück

Psychopharmaka und Betäubungsgesellschaft 1
Die Philosophie Epikurs als moderne Philosophie 2
Internalistischer und externalistischer Glücksbegriff 2
Vom Sinn der Schmerzen 3
Vom Sinn der Vernunft 5
Moralität vs. Glück? 6
Problem der Verallgemeinerung des Individuums 7
Schmids Philosophie der Lebenskunst 7
Literatur 9

Psychopharmaka und Betäubungsgesellschaft

Was ist Lebenskunst? Sind die Fragen nach dem gelingenden Leben die Fragen nach dem *guten Leben* oder danach *gut zu leben*? Streben wir tatsächlich alle nach dem Glück? Und was ist mit dem Begriff des Glücks gemeint. Ein Artikel in dem Magazin der Süddeutschen Zeitung über den Gebrauch von Medizin als „Lifestyle-Doping", gab mir den Anstoß zu diesem Essay. Dort wird berichtet, dass immer mehr Menschen Psychopharmaka nehmen, und das, obwohl sie völlig gesund sind. Die Pille passt perfekt zu unserer Gesellschaft, in der dem Konsumenten ein falsches Verständnis von Glück vorgegaukelt wird und dieser sich im Zuge dessen, sei es durch Entertainment der Kulturindustrie, oder durch Psychopharmaka, betäubt.

10 mg Cipralex gegen Angst und ein bisschen Mirtapazin um aktiver zu sein. Was real ist wird ausgeblendet und betäubt, weil es nicht zu der modernen Vorstellung von Glück passt. Längst gibt es Checklisten und Tests auf den Internetseiten der großen Psychopharmakakonzerne: Wie depressiv bist du? Es werden neue sogenannte „Schwächen" und „Krankheiten" entdeckt, wie z.B. Schüchternheit oder Schlaflosigkeit, die es als ernstzunehmende Krankheiten zu behandeln gilt. Allgemein wird für ein glücklicheres Leben plädiert. Das Gemüt soll aufgehellt, die Persönlichkeit optimiert werden. Die Schulmedizin glaubt heutzutage an das Anrecht des Menschen auf Schmerzfreiheit und kann sie oft auch bewirken. Deshalb verliert der Schmerz im heutigen Zeitalter jeden Sinn und gilt als „Entgleisung der Natur, die [...] eines Tages durch die Wissenschaft eliminiert werden kann"[1]. Psychopharmaka haben so in unserer Gesellschaft mittlerweile das „Image der Glückspille".[2]

Aber was genau macht ein glückliches Leben aus? Worin besteht Glück? Die Fragen nach dem Wesen des Glücks sind die Fragen nach der Lebenskunst. Um es mit Wilhelm Schmid auszudrücken, die Kunst ein Leben so zu führen, dass man es selbst als bejahenswert bezeichnen würde. In diesem Essay werde ich ausgehend von Epikurs Philosophie der Genussorientierung eine Kritik an der Orientierung am Glück ansetzen und schließlich Schmids Lebenskunstphilosophie vorstellen, die zwar die individuelle Seite des

---

[1] Saner, Hans. *Die Grenze des Ertragbaren. Zur Phänomenologie chronischer Schmerzen.*
[2] Magerl, Sabine. „Die Welt als Pille und Vorstellung" in *Süddeutsche Zeitung Magazin*

Lebenskunstobjekts betont, sich aber nicht in einem bloßen Streben nach Glück gestaltet.

Die Philosophie Epikurs als moderne Philosophie

In der heutigen Gesellschaft meint Glück oft die Abwesenheit von Schmerz. Das Streben nach Glück wird mit dem Streben nach dauerndem glücklich-sein verwechselt. Nicht umsonst gelten Schmerzmittel als die am häufigsten verkauften Medikamente. Und nicht anders lässt sich der Boom der Psychopharmaka erklären.

Auch antike Philosophen wie Epikur stellen in ihrer Lebenskunstethik die Genussfähigkeit in den Vordergrund. Zwar betont Epikur, dass es sich dabei um die maßvolle Lust, die Selbstgenügsamkeit und Bescheidenheit handeln sollte, gemäß dem Motto „weniger ist mehr", trotzdem lässt sich die Gegenüberstellung von Lust und Unlust analog zu der Polarität von gut und schlecht verstehen. Glück besteht in der Abwesenheit von Schmerz und Unlust. Die Ratio dient Epikur ausschließlich als Instrument dieses Glück zu erreichen. Vertreter dieser Philosophie wurden oft als epikureische Schweine kritisiert.

Selbst wenn man den Epikureern den Vorwurf der „Schweinephilosophie" machen kann, stellt sich die Frage, inwieweit eine Orientierung am Glück, am Genuss, an der Lust denn verwerflich sei. Dafür scheint es mir sinnvoll, zuerst einmal den Begriff „Glück" näher zu durchleuchten, denn eine Philosophie der Lebenskunst ist wohl immer mit dem zugrundeliegenden Glücksverständnis verbunden.

Internalistischer und externalistischer Glücksbegriff

Nach einem subjektiven oder internalistischen Glücksbegriff zählen zu dem eigenen Glück auch nur Faktoren, die einem selbst bewusst sind. Zum Glück des Schweins bedarf es nicht viel. Es lebt voll und ganz im Jetzt. Sorgen um Vergangenes oder Zukünftiges plagen es genauso wenig wie Gedanken über seine Existenz oder etwa seinen Daseinszweck. Wie können wir also über das Schwein sagen, dass es kein wahres Glück ist, das ihm widerfährt? Oder etwa, dass es ein Übel für es ist, dass es nicht darüber hinausdenken kann, wo doch das Schwein selbst es nicht als Übel empfindet? Können wir zu dem Glück eines Wesens auch Faktoren zählen, die außerhalb seines Bewusstseins liegen? Die Meinungen darüber sind geteilt.

So scheint man z.B. eine Person, die durch einen Unfall in den geistigen Zustand eines Kleinkindes zurückversetzt wird für gewöhnlich zu bedauern, obwohl sie es selbst nicht tut. Man würde vom Unglück dieser Person sprechen. Analog dazu ist das plötzliche Versterben einer Person ein Unglück. Vielleicht auch nur in Bezug auf die Möglichkeiten, die es gehabt hätte. In jedem Falle aber ein Unglück. Nach dieser externalistischen Glücksauffassung sind Aspekte die der Person selbst nicht bewusst sind genauso wichtig für das Glück, wie bewusstseinsinterne Faktoren. So ist auch ein Verrat oder Betrug für eine Person nicht erst dann schlimm, wenn er aufgedeckt wird, sondern ist ungeachtet dessen, ob er aufgedeckt wird oder nicht, ein Übel für die betreffende Person.

Ob wir nun vom Glück oder Unglück des Schweins sprechen, es für seine Unwissenheit bedauern oder beneiden, hängt also von dem zugrunde liegenden Glücksbegriff ab.

Inwieweit gestaltet sich aber eine Orientierung am Glück für sinnvoll. Wenn wir von dem Sinn des Lebens sprechen, meinen wir damit immer einen übergeordneten Zweck. Oft meint dieser die Glückseligkeit - die Eudaimonia. Die Glücks- oder Genussorientierung im Sinne Epikurs bietet reichlich Angriffsfläche für Kritik.

Vom Sinn der Schmerzen

So ist zum einen fraglich, ob wir wirklich nach Glück im Sinne von Vermeidung von Schmerz streben sollten. Denn sicher ist es doch der Schmerz erst, der uns Glück bewusst werden lässt. Um es mit den Worten Nietzsches zu sagen: „je vulkanischer der Boden desto größer das Glück".[3]

Auch Wilhelm Schmid schreibt vom Sinn der Schmerzen, die das „Eigenste" seien, zudem das Selbst fähig ist.

> „Die Sorge lässt Leib und Seele endlich die Aufmerksamkeit zukommen, die ihnen zusteht […]. Die existenzielle Erfahrung des Lebens, die nun wieder zu

---

[3] Nietzsche, Friedrich. „Der Mensch mit sich allein"

spüren ist [...] verdankt das Selbst dem Schmerz, der die intensivste Form des Lebens ist."[4]

In der Medizin wird der Schmerz als eine „ungewöhnlich intensive Mobilisierung weit gestreuter Hirnreale" beschrieben. Die Antwort darauf ist meist ein schmerzstillendes Mittel. Auch psychische Leiden werden oft und gerne im Keim erstickt. Aber nicht jedem Schmerz muss geflohen werden. Schmid plädiert dafür, die Schmerzen ebenso wie die Lüste ins Leben aufzunehmen. „Der Versuch, jeden Schmerz abzuschaffen, verweist auf ein fehlendes Verhältnis des Selbst zu sich."[5]

Auch Horkheimer und Adorno sprechen in ihrem Text „Der Betrug am Glück" von einem Vergessen des Unglücks in unserer Gesellschaft. Leid wird nicht aufgehoben, sondern nur unterdrückt. Wir gleichen den Lotosessern aus der griechischen Mythologie, die sich durch das Essen von Lotos in einen Rauschzustand versetzen. Völlig berauscht und verblendet vom System, ist es uns kaum noch möglich authentische Erfahrungen zu machen. Die Kulturindustrie schafft lediglich Ersatzbefriedigung und fordert Vergnügen. Was wir vermeintlich Glück nennen, gleicht einem „dumpfen Hinvegetieren, dürftig wie das Dasein der Tiere"[6]. Dadurch verlieren wir wichtigen Erfahrungsraum, vor allem um Leiderfahrungen zu machen. Das Berauschen und Ausblenden von Leid ist allerdings nur der „bloße Schein von Glück [...]. Im besten Falle wäre es die Absenz des Bewusstseins von Unglück. Glück aber enthält Wahrheit in sich."[7]

Eine bloße Orientierung an dem Glück im Sinne Epikurs, d.h. am Genuss und an der Vermeidung von Unlust, scheint also schon aus Gründen der Wichtigkeit von Schmerzen und Leiderfahrungen nicht erstrebenswert. Zum einen machen sie das Leben lebenswerter, da sie es intensivieren. Situationen die man selbst als Abgrund wahrnimmt, befähigen einen im Umkehrschluss dazu, andere als Gipfel des Seins wahrzunehmen. Dieser Gefühlsreichtum sollte auch als ein solcher erkannt werden und nicht als Schwäche bewertet werden. Zum anderen reißen sie das Individuum aus seiner gewohnten Lebensführung heraus und

---

[4] Schmid, Wilhelm. „Antoß zur Sorge: Vom Sinn der Schmerzen"
[5] Ebd.
[6] Horkheimer, Max / Adorno, Theodor W. „Der Betrug am Glück"
[7] Ebd.

zwingen es, oder ermöglichen ihm vielmehr, das Leben und die eigenen Denkgewohnheiten von einem anderen Standpunkt zu betrachten und überdenken. Bei Nietzsche kommt daher der Schmerz als der „große Befreier des Geistes" ins Spiel, der uns zwingt „in unsre letzte Tiefe zu steigen".[8]

Hinzu kommt, dass das Vermeiden von Unlust und damit die stetige Gelassenheit, die Gefahr birgt sich in Passivität zurückzuziehen. Gelassenheit wird zu einem „sein lassen" oder „zulassen". Manchmal benötigt man aber die innere Unruhe und Aufregung, sei es um sich über Ungerechtigkeiten aufzuregen um für Gerechtigkeit zu sorgen oder etwa um Mitgefühl zu hegen, das vielleicht als Ausgangspunkt moralischen Handelns gedeutet werden könnte.

Vom Sinn der Vernunft

Ein anderer Aspekt der gegen die Orientierung an der Glückseligkeit im allgemeinen Sinne spricht, ist der moralische Einwand. Was mich glücklich macht, kann andere extrem unglücklich machen. Gestützt wird dieser oft durch die Betonung des Sinns und Zwecks der Vernunft: Wenn wir dazu bestimmt wären ein glückliches Schwein zu sein, wäre uns nicht die Vernunft gegeben worden, denn zu diesem Zwecke würden uns allein unsere Leidenschaften, Triebe und Instinkte genügen. Immanuel Kant ist wohl der bedeutendste Vertreter der moralistischen Orientierung:

> „Wäre nun an einem Wesen, das Vernunft und einen Willen hat, seine *Erhaltung*, sein *Wohlergehen*, mit einem Worte seine *Glückseligkeit* der eigentliche Zweck der Natur, so hätte sie ihre Veranstaltung dazu sehr schlecht getroffen, sich die Vernunft des Geschöpfs zur Ausrichterin dieser ihrer Absicht zu ersehen. […] mit einem Worte, sie würde verhütet haben, dass Vernunft nicht in *praktischen Gebrauch* ausschlüge.
>
> […] die Natur würde nicht allein die Wahl der Zwecke, sondern auch der Mittel übernommen und beide mit weiser Vorsorge lediglich dem Instinkte anvertraut haben."[9]

Glückseligkeit kann somit nicht unser Daseinzweck sein. Kant hält einzig eine Orientierung an der Moral, d.h. an dem guten Willen für gerechtfertigt. Die Prinzipien für moralisches Handeln entspringen aus der Vernunft und lassen

---

[8] Nietzsche, Friedrich. *Die fröhliche Wissenschaft*
[9] Kant, Immanuel. *Grundlegung zur Metaphysik der Sitten*

sich in allgemeiner Form durch den kategorischen Imperativ beschreiben: „Handle nur nach derjenigen Maxime, durch die du zugleich wollen kannst, dass sie ein allgemeines Gesetz werde!"[10]

Kritik an Kants Moralphilosophie ist oft die universalistische Tragweite und Normativität seiner Theorie. Denn wer dem kategorischen Imperativ folgt, führt vielleicht ein moralisch untadeliges Leben, aber noch kein *eigenes*. Das Handeln aus Pflicht hat etwas Zwanghaftes und Unfreies an sich. Kant entgegnet dieser angeblichen Unfreiheit sehr geschickt. Denn nicht der Gebrauch der Vernunft, sondern die Abhängigkeit von Leidenschaften mache unfrei. Moral und Sittlichkeit aber haben ihren Ursprung in der Freiheit. Denn nicht mehr durch Begehren und Leidenschaften angetrieben, ist man fähig sich selbst aus der Vernunft Gesetze zu geben und nach ihnen zu handeln. Kant spricht in diesem Zusammenhang von der Autonomie des Individuums.

Eine Theorie moralischer Gefühle lehnt Kant ab, denn diese seien unzuverlässig und willkürlich. Es geht dabei nicht um eine Ausschaltung der Neigungen und Gefühle, sondern darum, zum moralischen Handeln motiviert sein, auch wenn uns keine Gefühle wie Liebe oder Mitleid dazu antreiben. Gefühle können unsere Handlung zwar begleiten, niemals aber ihre Motivation sein. Diese ist einzig der gute Wille. Nur indem wir der Vernunft folgen, sind wir also frei, denn den sinnlichen Bedürfnissen zu folgen wäre sklavisch.

Kant betont, dass in unserer Welt moralisches Handeln leider nicht mit Glückseligkeit gekoppelt ist. Moralisch zu sein zahlt sich oft nicht aus. Andersrum ist auch eine Orientierung am persönlichen Glück der Moral oft abträglich. Deswegen sollte man das persönliche Glück zugunsten der Pflicht opfern. Ein gutes Leben ist demnach nur ein moralisches Leben. Nach Kant besteht die Lebenskunst also eindeutig in einer Orientierung an der Moral.

Moralität vs. Glück?

Es scheint so, als gäbe es in der Debatte um das gelingende Leben eine Entscheidung zwischen Glück und Moral. Es geht um die Frage wie und ob sich eudämonistische und moralistische Lebensführung vereinbaren lassen. Dazu gibt es zum einen begründungstheoretische Versuche Moralität als Bedingung für Glückseligkeit zu verstehen. Demzufolge führe tugendhaftes Verhalten zur

---

[10] Ebd.

Glückseligkeit. Zum anderen finden wir eine strenge Trennung zwischen Strebensethik und Moralphilosophie, da sich die beiden Aspekte nicht nur entgegenstehen, sondern auch auf verschiedenen Motivationsquellen beruhen. In jedem Falle sind Moralität und Glück zwei Aspekte, die sich in der Ethik der Lebenskunst nicht ohne weiteres zusammenbringen lassen.

Problem der Verallgemeinerung des Individuums

Bisher wurde gezeigt dass sich das Streben nach Glückseligkeit im Sinne der Lustmaximierung als unzureichend erweist, sei es im Sinne der Moral aber auch für die *wahre* Glückseligkeit. Demnach ist oft die Rede von dem Streben nach Glück als der „sichersten Weg ins Unglück".

Sich die Moral zur Orientierung eines gelingenden Lebens zu setzen ist da vielleicht eine willkommene Alternative. Allerdings gibt es auch hier Kritikpunkte, nach denen diese normative Moralphilosophie allzu abstrakt und realitätsfern erscheinen mag. Denn jegliches Glücksstreben zu verwerfen, da es der Moral hinderlich ist, mag einem nicht nur unnatürlich, sondern auch starr und zwanghaft vorkommen. Gegenüber individuellem Glück und dem eigenen Leben verhält sich die Moral eher zurückhaltend. Sie „richtet sich an den Allgemeinheitsmenschen [...]. und wirft über jedes Leben die gleichen Prinzipiennetze des Unzulässigen und Verboten"[11]. Was aber oft von einer Lebensethik gefordert wird ist etwas Individuelles.

Schmids Philosophie der Lebenskunst

Wilhelm Schmid ist gegenwärtig der führende Vertreter der Lebenskunstphilosophie, die dem Individuum wieder eine größere Bedeutung zukommen lässt. Er spricht von der „Renaissance des Individuums", der „Rückkehr zu sich selbst"[12]. Damit meint er weniger die egoistische Orientierung an den eigenen Bedürfnissen, einen sogenannten „Individualfaschismus", sondern vielmehr die Abkehr von normativen Festlegungen, wie man leben *sollte*. Lebenskunst besteht für ihn vor allem in der Selbstmächtigkeit und der freien Wahl.

---

[11] Kersting, Wolfgang. *Eine Kritik der Lebenskunst*
[12] Schmid, Wilhelm. „Lebenskunst als Ästhetik der Existenz"

Selbstmächtigkeit meint, sich seines Lebens selber mächtig sein und nicht von außen bestimmt zu werden. Nur ein reflektierter Umgang mit dem Gefühlen und Lüsten aber auch mit den Schmerzen führt zur Selbstmächtigkeit. Die Gestaltung der eigenen Existenz sollte dabei keinem „anonymen Sollen", sondern der eigenen Wahl überlassen werden. Das einzige Prinzip, das man sich auferlegen sollte, ist das, sein Leben so zu führen, dass es einem Selbst als „bejahenswert" erscheint. In diesem Zusammenhang spricht er von der *Schönheit* des Lebens. Schmids Auffassung ist aber in keinem Falle als ein hedonistisches Streben nach dem Schönen zu verstehen. Denn „die eigentliche Macht der Schönheit liegt nicht in der Perfektionierung, Harmonisierung, Glättung einer Oberfläche, sondern der Möglichkeit der Bejahung, die hier auf die Gestaltung des Lebens bezogen wird: Das Leben so zu gestalten, dass es bejahenswert ist."[13] Den Antrieb dazu unser Leben nach diesen Kriterien zu gestalten, finden wir in der Selbstachtung. Denn ein Leben zu führen, dem wir selbst nicht zustimmen, geht mit dem Verlust der Selbstachtung einher. Schmid betont, dass er mit dem Schönen, dem Bejahenswerten nicht das „moderne Glück" meint.

> „Bejahenswert aber kann keineswegs nur das Angenehme, Lustvolle oder, wie es am Ende des 20. Jahrhunderts gerne genannt wird, das *Positive* sein, sondern ebenso das Unangenehme, Schmerzliche, Hässliche, *Negative*."[14]

Die Lebenskunst verwirklicht sich also nach Schmid in der Ästhetik der Existenz.

Um zu einem Abschluss zu kommen, lässt sich zusammenfassend sagen, dass Lebenskunst nicht die lustbetonte fröhliche Unbekümmertheit im Umgang mit den Missständen des Lebens meint. Es meint nicht, im Sinne des modernen Glücks, „machs dir möglichst schön und angenehm". Im Gegensatz dazu stellt sich das dauernde Streben nach Glück eher als Hindernis zu wahrer Glückseligkeit heraus. Oder es steht unseren moralischen Absichten ein gutes Leben zu führen im Weg. Glück sollte demnach nie Ziel sein, sondern höchstens Ertrag. Wir sind also besser daran getan von dem *sinnvollen* Leben zu sprechen als von dem *guten*. Dieses ist, in welcher Form auch immer, ein reflektiertes. Glück, das nach der Theorie der Neurotransmitter in der

---

[13] ebd.
[14] ebd.

Ausschüttung von Endorphinen begründet ist und mit geeigneten Medikamenten kontrolliert, vermehrt und gefördert werden kann, hat wenig mit Lebenskunst und Glückseligkeit im eigentlichen Sinne zu tun.

Theorien über ein sinnvolles Leben, sei dies individuell oder moralisch ausgerichtet, sind aber keinesfalls lustfeindlich oder richten sich gegen eine Berechtigung von Glück. Um mit den Worten Schmids zu enden: „Auch wenn die Lebenskunst wenig mit den gängigen Vorstellungen vom leichten Leben zu tun hat, so gewährt sie doch mit Leichtigkeit dem glücklichen Augenblick sein Recht".[15]

Literatur

Magerl, Sabine: „Die Welt als Pille und Vorstellung", in *Süddeutsche Zeitung Magazin*, Heft 07, 2008, Müchen: Magazin Verlagsgesellschaft Süddeutsche Zeitung.

Saner, Hans: „Die Grenze des Ertragbaren. Zur Phänomenologie chronischer Schmerzen", in: *Macht und Ohnmacht der Symbole,* 1999 Basel: Lenos

Nietzsche, Friedrich: „Der Mensch mit sich allein" in *Menschliches, Allzumenschliches,* 1954, Stuttgart: Kröner

Nietzsche, Friedrich. *Die fröhliche Wissenschaft,* 1999, Müchen: Goldmann

Schmid, Wilhelm. „Antoß zur Sorge: Vom Sinn der Schmerzen" in *Schönes Leben? Einführung in die Lebenskunst.* 2000, F/M 2000

Schmid, Wilhelm: „Lebenskunst als Ästhetik der Existenz" in Schummer, Joachim (Hg.) *Glück und Ethik,* 1998, Würzburg: Königshausen & Neumann

Horkheimer, Max / Adorno, Theodor W.: „Der Betrug am Glück" in *Dialektik der Aufklärung. Philosophische Fragmente,* 2003, F/M: S. Fischer Verlag

Kant, Immanuel *Grundlegung zur Metaphysik der Sitten,* 1984, Stuttgart: Reclam

Kersting, Wolfgang. *Kritik der Lebenskunst,* 2007, F/M: Suhrkamp

---

[15] ebd.

BEI GRIN MACHT SICH IHR WISSEN BEZAHLT

- Wir veröffentlichen Ihre Hausarbeit, Bachelor- und Masterarbeit

- Ihr eigenes eBook und Buch - weltweit in allen wichtigen Shops

- Verdienen Sie an jedem Verkauf

Jetzt bei www.GRIN.com hochladen und kostenlos publizieren